AF348145

LETTRES
PATENTES

Pour la Franchise des Mestiers de la Ville de Lyon, & exemption de Iurande;

Auec l'Arrest du Parlement de Paris, portant que lesdites Lettres seront Registrées au Greffe dudit Parlement, & l'Enregistrement au Grand Conseil, desdites Lettres Patentes.

Ensemble plusieurs autres Pieces concernant ladite Franchise.

A LYON,

Chez ANTOINE IVLLIERON, Imprimeur ordinaire du Clergé & de la Ville, ruë Raisin, à l'Enseigne des deux Viperes,

M. DC. LXVII.

EXTRAIT DES REGISTRES
du Conseil d'Estat.

LOVIS PAR LA GRACE DE DIEV ROY DE FRANCE ET DE NAVARRE; A tous presens & avenir, SALVT. Nos chers & bien amez les Preuost des Marchands & Eschevins de nostre bonne Ville de Lyon nous ont fait remonstrer, que les Roys nos predecesseurs desirans augmenter, & accroistre nostredite Ville, qui ne se pouvoit rendre populeuse que par la liberté & franchise accordée à tous Ouvriers & Artisans, qui voudroient s'y habituer pour y travailler de toutes sortes d'Ouvrages, dont il auroient acquis la capacité & experiance, sans estre sujets aux longueurs, frais, & dépens de chef-d'œuvre, & experiance, qui se pratiquent en nos autres Villes, ny faire nouveau Apprentissage à l'égard de ceux qui avoient Certificat de l'avoir fait en d'autres lieux; auroient favorablement accordé le Priuilege special à nostre Ville, que tous Artisans y seroient receus, avec liberté d'ouvrir Boutique, travailler en tous Ouvrages, dont chacun d'eux auroit acquis experiance & perfection, fors & excepté les Apoticaires, Chirurgiens, Orfevres, & Serruriers, qui de

A 2   tout

tout temps & ancienneté pour l'importance defdits Meftiers, ont paffé par la rigueur de l'examen, & chef-d'œuvre, dont feroit advenu, que noftredite Ville feroit paruenüe à l'opulence & fplendeur que chacun fçait, & parce que depuis il s'eftoit gliffé plufieurs abus entre les Artifans, & Ouvriers, par un monopole tres prejudiciable à noftre fervice, & à noftredite Ville ; s'eftant mis en devoir d'introduire des nouveautez qui deftruifent la liberté de tout temps.

Le feu Roy Henry le Grand noftre Ayeul, auroit par fes Lettres Patantes du 3. Iuillet 1600. confirmé ladite liberté & franchife, & par Arreft de noftre Confeil d'Eftat du 28. Septembre 1641. Les Habitans de ladite Ville y ont efté maintenus, & conferuez; neanmoins aucuns defdits Artifans, par une contravention manifefte, ont fait entre eux des Statuts & Reglemens qui empefchent cette franchife & liberté ancienne, & par furprife & importunité, ont obtenu des precedens Prevoft des Marchands & Efchevins de ladite Ville, leur confentement à l'enregiftrement d'iceux au Siege Prefidial dudit lieu, ce qui a caufé quantité de procez entre lefdits Artifans & Ouvriers, les uns encores indecis, les autres terminez, lefquels ont entierement deftruit l'ancienne liberté de ladite Ville, au moyen dequoy elle eft à la veille d'eftre tellement dépeuplée & deferte, qu'elle pourra à la fin déchoir de fa fplendeur, par la retraitte de quantité d'Ouvriers qui s'en abfenteront ; à quoy defirans remedier par le foin particulier que nous avons toujours eu à l'imitation de nos predeceffeurs Roys, de maintenir & conferuer en noftredite Ville les Manufactures que

les

les Ouvriers Estrangers auroient accoustumé d'y apporter & introduire, au moyen de ladite liberté. A CES CAVSES Nous, de l'advis de nostre Conseil, auons dit, declaré, & ordonné, disons, declarons, & ordonnons par ces presentes signées de nostre main, voulons & nous plait, que nostredite Ville de Lyon soit conseruée & maintenüe en son ancienne exemption, franchise, & liberté. Permettons à tous Artisans habituez en icelle, & à ceux qui viendront y resider à l'advenir, de travailler en Boutique ouverte, Chambre, ou autrement, ainsi que bon leur semblera, en tous les ouvrages dont ils seront capables: sans qu'ils y puissent estre troublez ny empeschez, en quelque sorte & maniere que ce soit, à l'exception toutesfois des Apoticaires, Chirurgiens, Orfevres, & Serruriers qui subiront l'examen des Maistres, & feront chef-d'œuvre, ainsi qu'il est accoustumé, & ce nonobstant les Statuts contraires, que la pluspart des Artisans de ladite Ville ont compris dans les Statuts, & Reglemens par eux faits, lesquels nous voulons estre remis és mains desdits Prevost des Marchands & Eschevins, pour estre par eux reformez, ou moderez ainsi qu'il appartiendra, & estre lesdits Reglemens regiftrez aux charges & conditions par eux ordonnées; en sorte que l'ancienne liberté de ladite Ville soit r'establie, & à la charge aussi que les ouvrages qui seront faits en nostredite Ville, seront veus & visitez par les deux Maistres de chacun Mestier, qui sont & seront eslus par chacun an, par lesdits Prevost des Marchands & Eschevins, en la maniere accoustumée, lesquels seront tenus rapporter les fautes &

A 3 abus

abus qui fe trouveront efdits ouvrages , pour eftre fait telle punition & correction qu'il appartiendra; le tout nonobftant tous Edits par nous faits , pour la creation des Maiftrifes des Villes de ce Royaume, aufquels ne voulons noftredite Ville de Lyon eftre comprife , ny auffi toutes Lettres, Iugemens, Arrefts, & Reglemens , qu'aucuns defdits Artifans autres que les fufdits quatre Meftiers jurez de ladite Ville pourroient avoir obtenu par furprife , importunité , ou autrement; auquel ne voulons avoir aucun égard, les reuoquans pour cét effet par ces prefentes , comme contraires à la liberté & vtilité de noftre Ville. Si donnons en mandement à nos amez & feaux Confeillers les Gens tenans noftre Cour de Parlement à Paris, & à noftre Senefchal de Lyon , ou fon Lieutenant , que de l'effet & contenu en ces prefentes nos Lettres ils faffent joüir & vfer plainement , & paifiblement lefdits Prevoft des Marchands & Efchevins, fans fouffrir ny permettre qu'aucun empefchement leur foit fur ce fait ; auquel noftredit Parlement nous attribuons l'enregiftrement des prefentes , & la connoiffance de tous procez meus & à mouvoir entre lefdits Artifans, pour raifon defdits Statuts, Reglemens, circonftances & dependances , & icelles avons interdites à tous autres Iuges; CAR TEL EST NOSTRE PLAISIR. Et afin que ce foit chofe ferme & ftable, nous avons fait mettre noftre feel à ces prefentes données à Fontainebleau , au mois de May, l'an de grace mil fix cens foixante-vn, & de noftre regne le dixhuitiéme : Signé LOVIS ; & fur le reply, par le Roy, LE TELLIER , & fcellées en lacs de foye du grand

grand sceau de cire verte : & à costé est escrit, enregistré au Greffe des expeditions de la Chancellerie de France, par moy Conseiller Secretaire du Roy, Greffier desdites expeditions. A Fontainebleau ce dix-huitiéme May 1661. Signé Puison : Et sur ledit reply à costé est escrit, regiftrées , oüy , & ce confentant le Procureur General du Roy , pour joüir par les Impetrans de l'effet du contenu en icelles, felon leur forme & teneur, fuivant l'Arrest de verification de ce jour à Paris en Parlement le 22. Iuin 1661. Signé DV TILLET.

EXTRAIT DES REGISTRES
du Parlement.

VEu par la Cour les Lettres Patantes du Roy, données à Fontainebleau au mois de May 1661. Signées LOVIS, & fur le reply, par le Roy, LE TELLIER, & feellées en lacs de foye, du grand fceau de cire verte, obtenuës par les Preuoft des Marchands & Efchevins de la Ville de Lyon; par lefquelles, & pour les caufes y contenuës, ledit Seigneur auroit dit, declaré, & ordonné, veut, & luy plait, que fadite Ville de Lyon foit confervée & maintenüe en fon ancienne exemption, franchifes, libertez, permettant à tous Artifans habituez en icelle, & à ceux qui viendront y refider à l'advenir, de travailler en Boutique ouverte, Chambre, ou autrement, ainfi que bon leur fembleroit, en tous les Ouvrages dont ils feront capables ; fans qu'ils y puiffent eftre trou-

blez

blez ny empefchez en quelque forte & maniere que ce foit, à l'exception toutefois des Apoticaires, Chirurgiens, Orfevres, & Serruriers, qui fubiront l'examen des Maiftres, & feront chef-d'œuvre, ainfi qu'il eft accouftumé; & ce nonobftant les Statuts contraires que la plufpart des Artifans de ladite Ville auroient compris dans les Statuts & Reglemens par eux faits, lefquels fa Majefté veut eftre remis és mains des Preuoft des Marchands & Efchevins, pour eftre par eux reformez & moderez ainfi qu'il appartiendra, & eftre lefdits Reglemens regiftrez aux charges & conditions par eux ordonnées, en forte que l'ancienne liberté de ladite Ville foit reftablie; & à la charge auffi que les Ouvrages qui feront faits en ladite Ville, foient veus & vifitez par les deux Maiftres de chacun Meftier, qui font, & feront efleus par chacun an par lefdits Prevoft des Marchands & Efchevins en la maniere accouftumée; lefquels feront tenus rapporter les fautes, & abus qui fe trouveront efdits ouvrages, pour eftre fait telle punition & correction qu'il appartiendra; Le tout nonobftant tous Edits par luy faits fur la creation des Maiftrifes des Villes de ce Royaume, aufquels fa Majefté ne veut ladite Ville de Lyon eftre comprife, ny auffi toutes Lettres, Iugemens, Arrefts, Statuts, & Reglemens, qu'aucuns defdits Artifans autres que les fufdits quatre Meftiers jurez de ladite Ville pourroient avoir obtenu par furprife, importunité, ou autrement, aufquels ledit Seigneur ne veut avoir aucun égard, les reuoquans pour cet effet par ces prefentes, comme contraires à la liberté & vtilité de ladite Ville. Requefte defdits impetrans

prefentée

prefentée à ladite Cour, afin d'enterinement defdi-
tes Lettres, conclufions du Procureur General du
Roy ; Oüy le rapport de Meffire Michel Ferrand,
Confeiller en ladite Cour ; tout confideré. LA COVR
A ORDONNE' ET ORDONNE que lefdites Lettres feront
regiftrées au Greffe d'icelle, pour joüir par les Impetrans de l'effet du contenu en icelles, & eftre execu-
tées felon leur forme & teneur. Fait en Parlement le
22. Iuin 1661. Collationné, figné DV TILLET.

LOVIS PAR LA GRACE DE DIEV
ROY DE FRANCE ET DE NAVARRE:
A tous ceux qui ces prefentes Lettres verront, falut ; Sçavoir faifons : Comme par
Arreft ce jourd'huy donné en noftre Grand Confeil,
fur la Requefte prefentée en iceluy par nos bien
amez les Prevoft des Marchands & Efchevins de la
Ville de Lyon, tendante afin que les Lettres Patentes du mois de Mars 1662. par lefquelles nous avons
declaré & ordonné que ladite Ville de Lyon foit confervée & maintenüe en fon ancienne exemption, franchife, & liberté, & permettant à tous Artifans habituez en icelle, & à ceux qui viendront y refider à l'advenir, de travailler en Boutique ouverte, Chambre,
ou autrement, ainfi que bon leur femblera, en tous
les Ouvrages dont ils feront capables, fans qu'ils y
puiffent eftre troublez, ny empefchez en quelque
forte & maniere que ce foit, à l'exception toutefois
des Apoticaires, Chirurgiens, Orfevres, & Serruriers, qui fubiront l'examen des Maiftres, & feront
chef-d'œuvre, ainfi qu'il eft accouftumé ; & ce non-

B   obftant

obſtant les Statuts contraires que la pluſpart des Artiſans de ladite Ville ont compris dans les Statuts
& Reglemens par eux faits, leſquels nous voulons
eſtre remis entre les mains deſdits Prevoſt des Marchands & Eſchevins, pour eſtre par eux reformez,
ou moderez, ainſi qu'il appartiendra, & eſtre leſdits
Reglemens regiſtrez aux charges & conditions par
eux ordonnées, en ſorte que l'ancienne liberté de ladite Ville ſoit r'eſtablie, & à la charge auſſi que les
ouvrages qui ſeront faits dans ladite Ville, ſeront veus
& viſitez par les deux Maiſtres de châcun Meſtier, qui
ſeront eſleus par chacun an par leſdits Prevoſt des
Marchands & Eſchevins, en la maniere accouſtumée;
leſquels ſeront tenus rapporter les fautes & abus qui
ſe trouveront eſdits ouvrages, pour en eſtre fait telle
punition & correction qu'il appartiendra, nonobſtant
tous Edits faits ſur la creation des Maiſtres des Villes
de noſtre Royaume, auſquels ladite Ville ne ſera
compriſe, ny à toutes Lettres, Iugemens, Arreſts,
Statuts & Reglemens, qu'aucuns deſdits Artiſans,
autres que leſdits quatre Meſtiers jurez de ladite Ville,
pourroient avoir obtenu par ſurpriſe, importunité,
ou autrement, leſquels ſont revoquez comme contraires à la liberté de ladite Ville, avec attribution de
juriſdiction à noſtredit Conſeil de tous les procez &
differens meus, ou à mouvoir, ou qui pourront cy-
aprés naiſtre entre leſdits Artiſans, & autres Parties,
pour l'execution deſdites Lettres, & pour raiſon deſdits Statuts & Reglemens, circonſtances & dependances, & interdictions à tous autres Iuges d'en con-
noiſtre, ſoient regiſtrées és Regiſtres de noſtredit
Conſeil,

Conseil, pour joüir par eux de l'effet du contenu en icelles, selon leur forme & teneur. VEV PAR NOS-TREDIT GRAND CONSEIL ladite Requeste, nosdites Lettres, conclusions de nostre Procureur General: ICELVY NOSTREDIT GRAND CONSEIL ayant égard à ladite Requeste, a ordonné & ordonne que lesdites Lettres seront regiftrées és Regiftres de noftredit Con-feil, pour joüir par lefdits Prevoft des Marchands & Efchevins de la Ville de Lyon de l'effet du contenu en icelles, felon leur forme & teneur. SI DONNONS en mandement au premier des Huiffiers de noftredit Grand Conseil, ou autre noftre Huiffier ou Sergent fur ce requis, qu'à la Requefte defdits Supplians, le prefent Arreft il mette à deüe & entiere execution fe-lon fa forme & teneur, nonobftant oppofitions ou appellations quelconques, pour lefquelles, & fans prejudice d'icelles, ne voulons eftre differé ; & à cette fin faire tous Exploits de fignifications, Commande-mens, Contraintes, & autres Actes de Iuftice requis & neceffaires : de ce faire Te donnons pouvoir, fans pour ce demander *placet*, *visa*, *ne pareatis*: En témoin dequoy nous avons fait mettre noftre feel à cefdites prefentes. DONNE' en noftredit Grand Conseil, monftré à noftredit Procureur General, & prononcé à Paris le 21. jour de Mars l'an de grace 1662. & de noftre regne le 19. Signé LOVIS, & fur le reply, par le Roy, à la relation des Gens de fon Grand Conseil, Signé HERBIN : & feellé du feau de fa Majefté en cire jaune.

LETTRES PATENTES
du 3. Iuillet 1606. par lesquelles la Ville de Lyon est declarée exempte de la Maistrise des Mestiers, des chefs-d'œuvres, & experiences.

HENRY PAR LA GRACE DE DIEV ROY DE FRANCE ET DE NAVARRE; A tous ceux qui ces presentes Lettres verront, SALVT. Nos chers & bien amez les Preuost des Marchands & Eschevins de nostre Ville de Lyon nous ont fait remonstrer, que nos predecesseurs Roys desirans augmenter, & accroistre nostredite Ville, laquelle estant size & scituée en Païs estroit & sterile, ne se pouvoit rendre populeuse que par la liberté & franchise accordée à toutes sortes d'Ouvriers & Artisans qui voudroient s'y habituer, y travailler & ouvrir Boutique de leur Mestier & Profession, sans estre sujets aux longueurs, frais, & dépens de chef-d'œuvre, & experience qui se pratiquent en nos autres Villes, auroient favorablement accordé ce Priuilege special à nostredite Ville, que tous Artisans y seroient receus avec telle liberté d'ouvrir Boutique du Mestier dont chacun d'eux auroit acquis experience, ou perfection, fors & excepté les Barbiers, Apoticaires, Orfevres, & Serruriers, qui de tout temps & ancienneté, pour l'importance desdits Mestiers, auroient passé par la rigueur de l'examen & chef-d'œuvre,

dont

dont feroit advenu, que noftredite Ville feroit paruenüe à l'opulence & fplendeur que chacun fçait ; mais
depuis quelques années aucuns Artifans de ladite
Ville ayans voulu par le moyen de quelques Lettres
obtenuës du feu Roy noftre predeceffeur & de Nous,
fous faux donné à entendre, & par vn monopole per-
nicieux à noftredite Ville, & au bien de noftre fervice, introduire la nouveauté de chefs-d'œuvres, &
diftribuer la maiftrife par les feftins & banquets, &
autres dépences prohibées par nos Ordonnances,
noftredite Ville eft tellement décheüe de fon premier
eftat, qu'il ne luy refte plus que l'ombre de fon an-
cien luftre, depeuplée, deferte & abandonnée. A
quoy defirans remedier, tant pour le foin particulier
que Nous avons toujours de noftredite Ville, à l'imitation de nofdits predeceffeurs, que parce qu'il
importe au bien de ce Royaume & de noftre fervice, de la peupler, & y reftablir les Manufactures que
les Ouvriers Eftrangers joüiffans de ladite liberté, y
fouloient apporter & introduire ; A CES CAVSES,
de l'advis de noftre Confeil, Avons de noftre certai-
ne fcience, pleine puiffance & authorité Royale,
declaré, & ordonné, declarons & ordonnons par
ces prefentes, voulons & nous plait, que noftredite
Ville foit conferuée & maintenüe en l'exemption
& franchife dont elle a joüy de tout temps, que les
Artifans habituez en icelle, & qui viendront y refider
à l'avenir, ne feront tenus faire chef-d'œuvre, dont
les avons d'abondant en tant que befoin feroit, exem-
pté, & exemptons, ains qu'ils puiffent & leur foit
loifible travailler de leur Meftier en Boutique, Ou-

B 3   vroir,

vroir, Chambre, ou autrement, fans y eftre troublez
ny empefchez fous ombre de n'avoir fait chef-d'œuvre, ou experience, excepté toutefois les Apoticaires, Chirurgiens, Orfevres, & Serruriers, qui fubiront
l'examen des Maiftres, & feront chef-d'œuvre, ainfi
qu'il eft accouftumé, à la charge toutefois que les ouvrages qui feront faits en noftredite Ville, feront veus,
& vifitez par les deux Maiftres de chacun Meftier,
qui font, & feront eflus par chacun an, par lefdits
Prevoft des Marchands & Efchevins, lefquels feront
tenus rapporter les fautes & abus qu'ils trouveront auf-
dits ouvrages, pour en eftre fait telle punition, & correction qu'il appartiendra, le tout ainfi qu'il a efté de
tout temps obfervé en noftredite Ville, nonobftant
l'Edit par Nous fait fur la creation des Maiftrifes és
Villes de ce Royaume, auquel ne voulons noftredite Ville de Lyon eftre comprife, & toutes Lettres,
Statuts, & Reglemens qu'aucuns Artifans autres que
les fufdits quatre Meftiers jurez de ladite Ville, pourroient avoir obtenu par furprife, ou importunité, que
Nous revoquons par cefdites prefentes, comme contraires aux libertez, bien, & vtilité de noftredite
Ville ; Si DONNONS en mandement à nos amez
& feaux Confeillers les Gens de noftre Cour de
Parlement à Paris, Senefchal de Lyon, ou fon Lieutenant, & à tous autres Iuges & Officiers qu'il appartiendra, que de l'effet & contenu en ces prefentes nos
Lettres ils faffent joüir, & vfer lefdits Supplians plei-
nement & paifiblement, fans fouffrir, ny permettre
qu'aucun empefchement leur foit fur ce fait ; CAR
TEL EST NOSTRE PLAISIR ; Nonobftant auffi quelconques

conques autres Edits , Ordonnances, mandemens,
defences , & Lettres à ce contraires, aufquelles, &
aux derogatoires des derogatoires d'icelles Nous
avons derogé,& derogeons per cefdites prefentes, aufquelles en témoin de ce , Nous avons fait mettre noftre feel. Donne' à Paris le 3. jour de Iuillet, l'an
de grace 1606. & de noftre regne le dix-feptiéme.
Signé fur le reply , par le Roy , Forget.

ARREST DV CONSEIL,

portant confirmation de l'exemption de
la Maiftrife des Meftiers dans la Ville de
Lyon, du 28. Septembre 1641.

Extrait des Regiftres du Confeil d'Eftat.

Vr ce qui a efté reprefenté au Roy
en fon Confeil par les Prevoft des
Marchands & Efchevins de la Ville
de Lyon , que fes predeceffeurs Roys
pour augmenter ladite Ville , laquelle eftant fituée en Païs fterile ne fe
peut conferver que par la liberté du Commerce &
Franchife accordée aux Ouvriers & Artifans qui voudroient y habiter , travailler , & ouvrir Boutique ,
fans eftre fujets de faire aucuns frais , chefs-d'œuvres,
& experiences qui fe pratiquent en plufieurs autres
Villes de ce Royaume , auroient favorablement accordé

cordé le Privilege ſpecial à ladite Ville, que tous Artiſans y ſeront receus auec telle liberté d'ouvrir Boutique du Meſtier dont chacun d'eux auroit acquis experience ou profeſſion, fors & excepté les Barbiers,
Apoticaires, Orfevres, & Serruriers ; Ce qui leur auroit eſté accordé par le Roy Charles VIII. par ſes
Lettres Patentes, données à Tours le 14. Decembre
1486. qui ont eſté confirmées par tous les Roys ſes
ſucceſſeurs, ſucceſſivement les vns aprés les autres,
& qui a apporté vn tres-grand profit à ladite Ville
dans la liberté dudit Commerce. Mais ſeroit arrivé
depuis quelque temps, que quelques Maiſtres des
Meſtiers ont par vn monopole concerté entre eux,
fait des Statuts, & introduit la nouveauté des chef-
d'œuvres, & diſtribué la Maiſtriſe par les feſtins &
banquets, & autres dépences prohibées par les Ordonnances ; ce qu'ils ont fait colluſoirement confir-
mer par des Arreſts tant du Conſeil que du Parlement, & qui ruine entierement le Commerce de ladite Ville, chaſſant les Artiſans qui apprehendent tant
leſdits chefs-d'œuvres, que les dépenſes exceſſives
qu'il leur faudroit faire ſi cela eſtoit davantage tole-
ré ; ce qui cauſeroit vne diminution notable, & per-
te à ladite Ville s'il n'y eſtoit pourueu. LE ROY EN
SON CONSEIL, ſans s'arreſter aux Arreſts que pourroient avoir obtenu leſdits Maiſtres pretendus des
Meſtiers, tant du Conſeil que du Parlement, A ordonné, & ordonne, que les Habitans de ladite Ville
de Lyon ſeront maintenus & conſervez en l'exemption & franchiſe dont ils ont joüy de tous temps,
que les Artiſans habituez en icelle, & qui viendront

y

reſider à l'avenir, ne ſoient tenus à faire chef-d'œuvre ou experience, excepté leſdits Apoticaires, Chirurgiens, Orfevres, & Serruriers, qui ſubiront l'examen & feront chef-d'œuvre ainſi qu'il eſt accouſtumé,
à la charge que les ouvrages qui ſeront faits en ladite
Ville, ſeront veus & viſitez par les deux Maiſtres de
chacun Meſtier, qui ſont, & ſeront éleus par chacun
an par leſdits Prevoſt des Marchands & Eſchevins,
leſquels ſeront tenus rapporter les fautes & abus qu'ils
trouveront auſdits ouvrages, pour en eſtre fait telle
punition & correction qu'il appartiendra, le tout ainſi
qu'il a eſté de tout temps obſervé en ladite Ville,
nonobſtant les Edirs faits par ſadite Majeſté ſur la
creation des Maiſtriſes és Villes de ce Royaume, auſ-
quelles Sadite Majeſté ne veut ladite Ville de Lyon
eſtre compriſe, & toutes Lettres, Statuts & Reglemens, qu'aucuns Artiſans autres que les ſuſdits quatre Meſtiers jurez de ladite Ville, pourroient avoir
obtenus par ſurpriſe ou importunité, que Sadite Majeſté reuoque comme contraires aux libertez & vtili-
tez de ladite Ville de Lyon. Fait au Conſeil d'Eſtat
du Roy tenu à Paris le 28. jour de Septembre 1641.
Collationné. Signé GALLAND.

LOVIS PAR LA GRACE DE DIEV
Roy DE FRANCE ET DE NAVARRE:
Aux Prevoſt des Marchands & Eſchevins
de noſtre bonne Ville de Lyon, Salut.
Nous vous mandons, ordonnons, & tres-expreſſe-
ment enjoignons de tenir la main à l'execution de
l'Arreſt, dont l'Extrait eſt cy-attaché ſous le contreſeel

de

de noſtre Chancellerie, ce jourd'huy donné en noſtre
Conſeil d'Eſtat, concernant les Arts & Meſtiers de
ladite Ville & commandons au premier Huiſſier ou
Sergent ſur ce requis, de le ſignifier à tous qu'il appartiendra, à ce qu'ils n'en pretendent cauſe d'ignoran-
ce, & faire pour l'execution d'iceluy tous comman-
demens, ſommations, defences, & autres Actes &
Exploits neceſſaires, ſans demander autre permiſſion:
& ſera ajouſté foy comme aux Originaux, aux copies
dudit Arreſt & des preſentes collationnées par l'vn
de nos amez & feaux Conſeillers & Secretaires. CAR-
TEL EST NOSTRE PLAISIR. DONNE' à Paris le 28.
jour de Septembre, l'an de grace 1641. & de noſtre
regne le trente-deuxiéme. Par le Roy en ſon Conſeil,
Signé, GALLAND. Et ſeellé du grand ſeau de cire
jaune ſur ſimple queüe.

Collationné aux Originaux par moy Conſeiller
Secretaire du Roy, & de ſes Finances.

www.ingramcontent.com/pod-product-compliance
Lightning Source LLC
LaVergne TN
LVHW010822180726
843502LV00009B/3485